3408 (*)

A V
3473

INSTRUCTION PUBLIQUE.

FACULTÉ DE DROIT DE STRASBOURG.

ACTE PUBLIC

SUR

L'HYPOTHÈQUE LÉGALE,

QUI SERA SOUTENU

A LA FACULTÉ DE DROIT DE STRASBOURG,

Le Mardi 13 Juillet 1819, à quatre heures de relevée,

POUR OBTENIR LE GRADE DE LICENCIÉ EN DROIT,

PAR

N. J. B. THOUVENEL,

BACHELIER ÈS-LETTRES ET EN DROIT,

DE SARREBOURG (DÉPARTEMENT DE LA MEURTHE).

STRASBOURG,

De l'imprimerie de Levrault, impr. de la Faculté de Droit.

1819.

AU

MEILLEUR DES PÈRES,

ET

A LA PLUS TENDRE DES MÈRES:

Comme un foible témoignage de mon amour
et de ma reconnoissance.

THOUVENEL.

M. Hermann, Chevalier de l'Ordre royal de la Légion d'Honneur,
Doyen de la Faculté de Droit.

EXAMINATEURS:

MM. Thieriet de Luyton,
    Laporte,   Professeurs.
    Arnold,
    Blœchel . . . . Professeur-suppléant.

*La Faculté n'entend approuver ni désapprouver les opinions
particulières au Candidat.*

DE
L'HYPOTHÈQUE LÉGALE.

PRÉLIMINAIRES.

S'il importe au maintien de l'ordre social, au bonheur et à la prospérité d'un état, de faciliter et multiplier les conventions qui se forment entre ses membres, d'en établir les bases, d'en fixer les caractères, il importe bien plus d'offrir les moyens d'assurer l'efficacité de ces conventions, et d'empêcher qu'on ne porte atteinte à la foi qui leur est due. En vain l'équité naturelle commanderoit aux hommes de remplir leurs engagemens, en vain le droit positif interviendroit pour les forcer à y voir des lois [1], s'il ne les mettoit dans l'heureuse impuissance de les violer, s'il ne consacroit cet autre principe fondamental, que tous leurs biens sont en général affectés à l'acquittement de leurs obligations. [2]

Mais cette affectation vague ne procure pas toujours aux créanciers une garantie suffisante, et n'empêche pas le débiteur de disposer de ses biens au préjudice de leurs droits. De là la nécessité et l'institution de l'hypothèque, qui donne au créancier un droit réel sur les immeubles engagés, en vertu duquel il les suit, en quelques mains qu'ils passent, pour les faire vendre, et être payé sur le prix. [3]

---

[1] Code civil, art. 1134. « Les conventions légalement formées tiennent lieu « de loi à ceux qui les ont faites. »

[2] Code civil, art. 2092.

[3] Voyez §. 7, *Inst. de actionibus; L.* 15, *Cod. de pign. et hypoth.;* Code civil, art. 2114, 2166 et 2169.

,La matière des hypothèques est, sans contredit, une des plus usuelles et des plus importantes du Droit civil : il n'est pas de législateur dont elle n'ait fixé particulièrement l'attention.

Les Grecs[1], auxquels remonte cette institution, plaçoient sur les propriétés engagées des brandons ou autres marques ostensibles, qui annonçoient l'existence de l'hypothèque, et proclamoient en quelque sorte la position des débiteurs. Une publicité aussi exagérée devoit nécessairement détruire la source du crédit.

Lorsque les Romains recueillirent les lois de la Grèce, ils adoptèrent celle qui étoit relative aux hypothèques[2]. Elle fut en vigueur pendant tout le temps de la république, et même sous les premiers empereurs ; mais peu à peu cet usage s'abolit, et l'hypothèque put se constituer par la simple convention, écrite ou non écrite.[3]

L'usage de l'hypothèque occulte avoit été introduit dans presque toute la France. Il n'y avoit que quelques provinces favorisées, appelées *pays de saisines et de nantissement*, qui jouissoient des avantages de la publicité[4]. Cependant la nécessité d'une législation plus saine se faisoit de plus en plus sentir. Les inconvéniens de la clandestinité étoient désastreux, innombrables. Des débiteurs qui n'avoient que l'apparence de la solvabilité, empruntoient indéfiniment, et chaque jour la fraude comptoit de nouvelles victimes.

Henri III[5] voulut établir la publicité des hypothèques ; mais les grands, qui craignoient avec raison qu'elle ne devînt le tombeau

---

1 BASNAGE, Traité des hypoth., ch. 1.ᵉʳ ; GUICHARD, *Législation hypothécaire*, précis historique, §. 1.ᵉʳ

2 Il étoit parlé des hypothèques dans une des 12 Tables ; mais cette Table, la 11.ᵉ, s'est perdue en totalité. V. GUICHARD, *eodem*.

3 L. 4, *ff. de pig. et hypoth.* « *Contrahitur hypotheca per pactum conventum, cum* « *quis paciscatur, ut res ejus propter aliquam obligationem sint hypothecæ nomine ob-* « *ligatæ..... Et sine scriptura si convenit ut hypotheca sit, et probari poterit, res* « *obligata erit, de qua conveniunt.* »

4 MALEVILLE, tome IV, p. 178. — 5 Édit de 1581.

de leur funeste crédit et ne leur enlevât la facilité de faire des dupes, firent échouer un si noble dessein. Henri IV [1] et Louis XIV [2] tentèrent de l'exécuter; mais leurs efforts ne furent pas couronnés d'un succès plus heureux.

La France gémissoit encore sous l'empire de l'hypothèque occulte, lorsque la révolution arriva. A cette époque, les idées de publicité et de spécialité se reproduisirent, et la loi du 9 Messidor an III en posa les premiers fondemens. Mais cette loi, au lieu de faire cesser les abus de l'ancien système, en introduisit de nouveaux, dont les caractères étoient effrayans. En permettant à chaque citoyen de convertir ses immeubles en espèces de lettres de change, elle mobilisa, en quelque sorte, le territoire, et fit craindre un bouleversement général des fortunes. L'exécution en fut heureusement suspendue jusqu'à la loi du 11 Brumaire an VII, qui consacra, sous quelques modifications, la publicité et la spécialité, et dont les dispositions, plus sagement combinées, ont servi de bases à la loi sur les hypothèques contenue dans le Code civil.

Cette loi est un des plus grands bienfaits comme un des plus beaux monumens de notre législation. « Sous ses auspices, dit
« l'orateur du tribunat, l'homme industrieux peut attirer à lui des
« capitaux qui, en d'autres mains, eussent demeuré oisifs, et
« faire ainsi fructifier son commerce, ses fabriques, ses ateliers ;
« celui qui veut se livrer à l'agriculture, ou réaliser les fruits de
« ses économies, ou de longs travaux qu'il ne peut plus conti-
« nuer, peut acheter avec sécurité des propriétés foncières. [3] »

On distingue trois espèces d'hypothèques : l'hypothèque légale, l'hypothèque judiciaire, et l'hypothèque conventionnelle [4]. Je n'ai

---

1 Édit de 1606. — 2 Édit de 1673.

3 Discours de M. Grenier, Code civil, suivi de l'Exposé des motifs, in-12, 1808, tome VII, p. 86.

4 Code civ., art. 2116.

à parler que de l'hypothèque légale : je m'efforcerai d'en développer les principes, en les comparant aux lois anciennes, et en rapprochant des dispositions du Code civil les lois additionnelles qui ont rempli les lacunes qu'il présentoit sur cette matière.

CHAPITRE Ier

De la création de l'hypothèque légale.

SECTION Ire

De la nature de l'hypothèque légale, et des biens qui en sont susceptibles.

§. 1.er

Nature de l'hypothèque légale.

L'hypothèque légale ou tacite est celle qui existe par la seule force de la loi, indépendamment de toute convention et de toute condamnation judiciaire : *Quæ a lege inducitur absque expressis contrahentium pactionibus.*

Elle est générale ou spéciale, selon qu'elle s'étend à tous les biens présens et à venir du débiteur, ou qu'elle est limitée à une partie déterminée de ses biens présens.

Elle est indivisible, c'est-à-dire, elle frappe, pour la totalité de la dette, sur tous les immeubles affectés, sur chacun et sur chaque portion de ces immeubles[1] : *Est tota in toto, et tota in qualibet parte.* Il suit de ce principe que si, par exemple, un tuteur décède, laissant plusieurs héritiers, quoique chacun d'eux ne soit tenu de contribuer au paiement du reliquat de compte qu'en proportion de sa part héréditaire, cependant tous les immeubles qui lui échoient en partage, et chacune de leurs parties, conservent, en

---

[1] Code civil, art. 2114.

faveur des pupilles du défunt, l'impression de l'hypothèque légale pour la totalité du reliquat. [1]

Ce principe trouve aussi son application, lorsque le débiteur aliène une partie des immeubles hypothéqués. Cette aliénation rend exigible la totalité de la dette [2], attendu que le créancier ne peut pas être forcé à recevoir en partie le paiement de ce qui lui est dû [3], et que le débiteur ne peut pas se refuser au paiement de sa dette, dès que, par son fait, il a diminué les sûretés de son créancier. [4]

§. 2.

Des biens susceptibles d'hypothèque.

Dans le Droit romain, toutes les choses mobilières et immobilières, corporelles et incorporelles, qui étoient dans le commerce, étoient susceptibles d'hypothèque : *Quod emptionem venditionemque recepit, etiam pignorationem recipere potest.* [5]

L'ancienne jurisprudence françoise varioit à cet égard suivant les coutumes. Dans quelques-unes, comme celle de Normandie, les meubles étoient susceptibles d'hypothèque, tandis que, dans d'autres, telles que celles de Paris et d'Orléans, on suivoit la maxime, *meubles n'ont de suite par hypothèque.* [6]

Le Code civil a adopté cette maxime [7]; et aujourd'hui sont seuls susceptibles d'hypothèque :

1.° Les biens immobiliers par leur nature, qui sont dans le commerce, et leurs accessoires réputés immeubles [8]. On entend ici, sous l'expression d'*accessoires*, les immeubles par destination,

---

1 Code civil, art. 873.

2 « *Qui pignori plures res accepit, non cogitur unam liberare, nisi accepto uni-* « *verso, quantum debetur.* » L. 19, *ff. de pign. et hypoth.*

3 Code civil, art. 1244. — 4 *Eod.* art. 1188. — 5 L. 9. *ff. de pign.*

6 Art. 170 de la Coutume de Paris; POTHIER, *Traité des hypothèques*, édition de 1818, tome VII, p. 515.

7 Code civil, art. 2119. — 8 *Eod.*, art. 2118.

c'est-à-dire, les biens-meubles que le propriétaire a placés pour le service et l'exploitation d'un fonds, comme les ustensiles aratoires, ou qu'il y a attachés à perpétuelle demeure, comme les glaces d'un appartement, lorsque le parquet sur lequel elles sont fixées fait corps avec la boiserie[1]. Mais aussitôt que ces biens-meubles sont séparés du fonds dont ils faisoient partie, ils reprennent leur première nature, et perdent l'impression de l'hypothèque à laquelle ils étoient soumis conjointement avec ce fonds.[2]

2.° L'usufruit des choses immobilières et de leurs accessoires pendant le temps de sa durée[3]. Mais sur quoi s'exerce l'hypothèque? est-ce sur les fruits produits par l'immeuble qui est l'objet de l'usufruit, ou seulement sur le droit d'usufruit lui-même? Je crois énoncer un principe incontestable en répondant que l'hypothèque frappe sur le droit d'usufruit, parce que les fruits ne présentent, dès qu'ils sont séparés de la terre, que des choses mobilières, non susceptibles d'hypothèque, et dont le prix ne eut être distribué autrement que par concurrence.[4]

3.° Les mines, considérées séparément et indépendamment de la surface du terrain.[5]

4.° Les navires et autres bâtimens de mer.[6]

5.° Les actions de la banque de France[7] et celles de la compagnie des canaux d'Orléans et de Loing[8], lorsqu'elles ont été immobilisées.

---

1 Code civ., art. 517, 524, 525.

2 PERSIL, Régime hypothécaire, p. 126.

3 Code civil, art. 2118.

4 Voy. POTHIER, Traité des hypothèques, tom VII, p. 316; PERSIL, Régime hypothécaire, art. 2118, n.° 6; et Questions sur les hypothèques, t. I.ᵉʳ, p. 143.

5 Loi du 21 Avril 1810, article 19.

6 Code de commerce, art. 190.

7 Décret du 16 Janvier 1808.

8 Décret du 16 Mars 1810.

Section II.

Diverses espèces d'hypothèques légales.

Les lois romaines accordoient une hypothèque légale aux femmes, pour la restitution de leurs dots et l'exécution de leurs conventions matrimoniales, sur les biens de leurs maris[1] ; aux mineurs et aux interdits, sur ceux de leurs tuteurs et curateurs[2] ; au fisc, sur les biens des comptables.[3]

Mais ces lois, qui, en tant d'autres matières, ont servi de base à notre législation, et dans lesquelles la plupart des nations de l'Europe se sont félicitées de reconnoître la raison écrite, n'offrent presque plus, au sujet de l'hypothèque légale, aucune ressemblance avec notre système actuel, et ne laissent plus apercevoir, parmi leurs débris, que des maximes d'équité que l'on peut appliquer avec avantage aux détails de ce système.

La distinction de l'hypothèque légale en trois différentes espèces étoit adoptée par l'ancienne jurisprudence françoise[4], et fut maintenue par l'article 2121 du Code civil. Mais, lorsqu'on rapproche quelques dispositions disséminées dans d'autres endroits de ce Code et dans plusieurs lois postérieures, on trouve que les hypothèques légales sont plus nombreuses ; on peut ainsi les énumérer :

1.° Celle des femmes mariées, sur les biens de leurs maris ;

2.° Celle des mineurs et interdits, sur les biens de leurs tuteurs ;

3.° Celle de l'État, du trésor de la couronne[5], des communes

---

1 *L. unica, C. de rei uxor. act.* — 2 *L. 20, C. de administ. tutor.*

3 *L. 26 et 28, ff. de jure fisci.*

4 Pothier, Traité des hypothèques, tome 7, p. 312.

5 Avis du Conseil d'État, du 25 Février 1808.

et des établissemens publics, sur les biens de leurs receveurs et administrateurs comptables ;

4.° Celle de la masse des créanciers, sur les immeubles du failli [1] ;

5.° Celle des créanciers du vendeur, sur le navire vendu en voyage [2] ;

6.° Celle des créanciers et légataires, sur les biens de l'hérédité [3] ;

7.° Celle des cohéritiers ou copartageans, sur les immeubles licités ou partagés. [4]

§. 1.er

Hypothèque légale des femmes.

ARTICLE 1.er

Droits et créances auxquels cette hypothèque est attribuée.

La femme a une hypothèque légale,

1.° Pour sa dot [5], c'est-à-dire, pour le bien qu'elle apporte au mari pour supporter les charges du mariage. [6]

2.° Pour ses conventions matrimoniales : telles sont les donations en propriété ou en usufruit que son mari lui a faites par contrat de mariage. Lorsque le mari tombe en déconfiture, la femme n'a aucune hypothèque pour ses conventions matrimoniales. [7]

3.° Pour les sommes dotales qui proviennent des successions à elle échues, ou de donations à elle faites pendant le mariage.

4.° Pour l'indemnité des dettes qu'elle a contractées avec son mari.

---

1 Code de commerce, art. 500. — 2 *Eodem*, art. 190 et 196.
3 Code civil, art. 873, 1017, 2111 et 2113.
4 *Eodem*, art. 2103, n.° 3, art. 1476, 1872 et 2109.
5 L. 12, *Cod. qui potiores in pign.* — 6 Code civil, art. 1540.
7 Code de commerce, art. 549.

5.º Pour le remploi de ses propres aliénés.

6." Pour la restitution de ses créances paraphernales.

Si la femme, avant son mariage, étoit créancière de son mari, et si, par son contrat, elle s'est réservé cette créance comme un paraphernal, elle a aussi, ce me semble, une hypothèque légale pour sa conservation. L'art. 2121 du Code civil lui accorde une hypothèque pour tous ses droits et créances contre son mari ; or, cette disposition est beaucoup trop générale pour être limitée à tels droits plutôt qu'à tels autres.

ARTICLE II.

Étendue de l'hypothèque légale des femmes.

I. Cette hypothèque grève tous les biens du mari, présens et à venir ; mais cette généralité reçoit des modifications,

1.º Lorsque, dans le contrat de mariage, les parties, majeures, conviennent que l'hypothèque ne frappera que sur un ou certains immeubles du mari [1] ;

2.º Lorsqu'à défaut d'une pareille stipulation le mari, du consentement de sa femme, et après avoir pris l'avis des quatre plus proches parens de celle-ci réunis en assemblée de famille, demande que l'hypothèque soit restreinte aux immeubles suffisans pour la conservation entière des droits de sa femme, et lorsque le tribunal devant lequel est portée la demande du mari, prononce la réduction [2] ;

3.º Lorsque le mari, négociant, vient à faire faillite. Dans ce cas, l'hypothèque n'affecte que les biens qu'il possédoit à l'époque de la célébration du mariage ; mais, pour cela, il faut que le mari ait été commerçant à cette époque, ou qu'étant alors fils de négociant et sans profession déterminée, il le soit lui-même devenu, ou

---

1 Code civil, art. 2140. — 2 Eodem, art. 2144, 2145.

qu'ayant eu un état déterminé autre que celui de négociant, il l'ait quitté, pour faire le commerce, dans l'année qui a suivi la célébration du mariage. [1]

Il y a même un cas où la femme n'a aucune hypothèque pour sûreté de ses apports [2]; c'est celui où son mari fait faillite dans les dix jours qui suivent la célébration du mariage.

D'un autre côté, la femme a quelquefois une hypothèque sur des biens dont le mari n'est pas propriétaire. C'est ainsi que la loi lui donne un recours subsidiaire, en cas d'insuffisance des biens libres de ce dernier,

1.° Pour sa dot et ses conventions matrimoniales, sur les biens donnés au mari par contrat de mariage, avec stipulation de retour en cas de prédécès [3];

2.° Pour le capital de ses deniers dotaux, dans le cas seulement où le testateur l'auroit expressément ordonné, sur les biens légués au mari à charge de restitution [4]. Le Droit romain accordoit aussi à la femme une hypothèque sur les biens substitués ; mais la volonté du testateur n'étoit pas nécessaire. [5]

II. Ici s'élève une question de la plus grande importance, celle de savoir si la femme a une hypothèque légale sur les conquêts de la communauté aliénés par le mari avant sa dissolution. [6]

Pour rendre plus facile la solution de cette question, il faut distinguer si la femme accepte la communauté, ou si elle y renonce.

Dans la première hypothèse, la négative me paroît évidente. Le mari est chef de la communauté; à ce titre, il a le pouvoir d'aliéner les conquêts sans le concours de sa femme [7]. Lorsqu'il use de

---

1 Code de commerce, art. 551, 552, 553. — 2 *Eodem*, art. 443.
5 Code civil, art. 952. — 4 *Eodem*, art. 1054.
5 Authent. *Res quæ, Cod. Communia de legatis.*
6 Persil, Questions sur les hypoth., tome I.er, p. 186.
7 Code civil, art. 1421.

cette prérogative, c'est la communauté elle-même qui agit par son organe ; par conséquent la femme contracte virtuellement avec lui. Ainsi comment pourroit-elle conserver des droits sur des biens dont l'aliénation est mêlée de son propre fait ? Ne seroit-ce pas admettre des principes contradictoires, et détruire le pouvoir même du mari, puisque, l'obliger à ne pouvoir disposer d'un immeuble que subordonnément à une hypothèque subsistante qui ne peut se lever que par le concours de la femme à l'acte d'aliénation, ce seroit lui imposer tacitement la défense d'aliéner sans ce concours ; ce seroit rendre inutile, absurde, la permission de la loi ? D'ailleurs, l'hypothèque légale de la femme ne frappe que sur les biens qui sont décidément ceux du mari : or, comme il n'a sur les conquêts, pendant que la communauté subsiste, qu'un droit de propriété confuse, ces conquêts, lorsqu'il les a aliénés, n'ont jamais été proprement dans ses biens, et n'ont pu retenir l'impression de l'hypothèque.

Si la femme renonce à la communauté, la négative ne me paroît pas moins évidente. Par la renonciation, tous les biens de la communauté passent dans ceux du mari, et la femme perd tous les droits qu'elle pouvoit y avoir comme commune[1]. Mais cet événement n'efface pas la propriété qu'elle partageoit avec le chef de la communauté, ni la participation virtuelle qu'elle a eue à ses actes ; car autrement la renonciation auroit un effet rétroactif, et la femme seroit censée n'avoir jamais eu de droits sur les conquêts. Une telle supposition seroit absolument fausse, puisque la femme ne pourroit pas perdre ce qu'elle n'auroit jamais eu. Or, comme les biens aliénés pendant la communauté ont éprouvé une résolution de son hypothèque, cette hypothèque ne peut pas y renaître par le seul effet de sa renonciation, sans faire dépendre de son caprice le pouvoir du mari, et sans renverser tout le système de la communauté.

---

1 Code civil, art. 1492.

III. Une question qui n'offre pas moins d'intérêt que celle que je viens de traiter, est celle de savoir si la femme dont le mari est membre d'une société de commerce, a une hypothèque légale sur les immeubles de la société.

J'ai déjà dit que la femme n'a d'hypothèque légale que sur les biens qui sont décidément ceux de son mari. Ce principe est ici tout le fondement de la négative, que je crois incontestable. Tant que la société subsiste, les immeubles qui la composent, n'appartiennent à aucun des associés, mais à la masse, à la raison sociale [1]. Le mari n'y a donc qu'une expectative, et ce n'est qu'à la dissolution de la société, lorsque ses droits se réalisent, lorsque par l'effet du partage il devient propriétaire exclusif de quelques-uns des immeubles qui faisoient partie de la société, que la femme peut y prétendre hypothèque. [2]

§. 2.

Hypothèque légale des mineurs et interdits.

ARTICLE Ier

Contre quelles personnes les mineurs et interdits ont-ils une hypothèque légale ?

Il est de principe que les mineurs et interdits n'ont hypothèque que contre les personnes qui administrent leurs biens et qui sont comptables envers eux. Tels sont :

1.° Le tuteur ordinaire [3];

2.° Le tuteur officieux, quand il administre [4];

---

1 Code civil, art. 1860.

2 PERSIL, Questions sur les hypothèques, tome I.er, p. 193.

3 L. 20, *Cod. de adm. tutor.*; Code civil, art. 2121.

4 Code civil, art. 365 et 370.

3.° Le protuteur, dont la loi exige la nomination, lorsque le mineur possède des biens en France et dans les colonies[1] ;

4.° Le second mari de la mère à laquelle le conseil de famille conserve la tutelle de ses enfans du premier lit, lequel devient, nécessairement, cotuteur de sa femme[2] ;

5.° Le subrogé tuteur, dans deux cas seulement : 1.° lorsqu'il échoit une succession au mineur et au tuteur, et que celui-ci, en son nom, en demande et obtient le partage ; alors, le subrogé tuteur est obligé d'agir pour les intérêts du mineur, et d'administrer les biens de la succession[3] : 2.° lorsque le tuteur, accusé comme suspect, est traduit devant le conseil de famille et ensuite devant les tribunaux pour être destitué de la tutelle, et lorsque, pendant l'instance, le subrogé tuteur administre les biens du mineur.[4]

Pensil y ajoute le père administrateur des biens de ses enfans. « Le père, dit-il, obligé, comme le tuteur, de rendre compte, « doit, comme lui, présenter à ses enfans les mêmes garanties, « et leur assurer, par une hypothèque légale, l'exercice de tous « leurs droits[5]. » Je pense le contraire, et je fonde mon opinion sur le silence du Code. Il ne donne hypothèque au mineur que contre son tuteur : or, on ne peut, sans ajouter à la loi, étendre cette disposition au père, puisque, pendant le mariage, il n'y a point de tutelle ; et quoique l'intérêt des enfans et la conservation de leurs biens personnels exigeassent quelquefois une pareille garantie, on ne pourroit pas, pour cela, assimiler ici le père au tuteur, et assujettir ses biens à l'hypothèque légale en faveur de ses enfans.

---

1 Cod. civ., art. 417.

2 *Lib.* 6, *C. in quib. caus. pig.*; L. 2, §. 1, *Cod. quando mulier tutelæ officio fungi potest*; Code civil, art. 596.

3 Code civil, art. 420.

4 *Inst.* §. 7, *de suspectis tutor. vel curat.* Code civil, art. 448.

5 Régime hypoth., p. 151.

Aujourd'hui on prend toutes les précautions pour assurer la nomination des tuteurs, et il seroit infiniment rare de voir des mineurs qui n'en fussent pas pourvus. Cependant, comme il pourroit arriver que quelqu'un s'ingérât, sans qualité, dans l'administration de leurs biens, il me semble que, conformément aux lois romaines [1], les biens de ce gérant illégal seroient grevés d'une hypothèque tacite en faveur des mineurs. [2]

L'hypothèque légale existe-t-elle aussi, en faveur des tuteurs, pour les sommes qu'ils avancent dans l'intérêt de leurs pupilles?

Autrefois elle avoit lieu dans les pays de Droit écrit et dans les pays coutumiers [3]; mais aujourd'hui les tuteurs ne peuvent plus acquérir d'hypothèque contre leurs pupilles que lorsqu'ils la stipulent dans l'acte de reddition de compte, ou lorsqu'ils obtiennent jugement contre eux.

ARTICLE II.

Quelles sont les créances pour lesquelles les mineurs et interdits ont hypothèques?

Les mineurs et interdits ont hypothèque pour toutes les sommes dont leur tuteur se trouve reliquataire par suite de son administration [4]. Mais, ont-ils aussi une hypothèque pour les créances dont il étoit débiteur envers eux avant la tutelle?

Cette question est controversée parmi les auteurs. VOET [5] la résolvoit affirmativement, et MERLIN [6], PERSIL [7], GUICHARD [8], ne

---

1. *L.* 19, §. 1 , *ff. de rebus auct. jud. poss.* : « *Si quis, cum tutor non esset, pro* « *tutore negotia gessit, privilegio locum esse manifestum est.* »

2 PERSIL, Régime hypothécaire, p. 149.

3 *L. C. de cont. tut. act.;* BASNAGE, des hypothèques, ch. 6; FERRIÈRE, Dictionnaire de Droit, *verbo* Administration de tutelle.

4 Code civil, art. 2135.

5 Commentaire sur le Digeste, liv. 20, titre 2, n.° 16.

6 Répertoire de jurispr., art. Hypothèque, sect. 2, §. 3, art. 4, n.° 3.

7 Questions sur les hypothèques, tome I.er, p. 184.

8 Jurisprudence hypothécaire, tom. II, p. 476.

balancent pas à appliquer son sentiment à notre législation. D'autres auteurs, tels que HUA, se prononcent pour la négative.

Dans cette diversité d'opinions, il faut distinguer, pour parvenir à une solution exacte, si les créances dont il s'agit deviennent ou non exigibles pendant la gestion du tuteur.

Dans le premier cas, je pense que l'hypothèque légale doit leur être attribuée, *quia tutor debuit a se ipse exigere.*

Si le terme de paiement n'échoit pas pendant la tutelle, je crois que l'hypothèque légale n'a pas lieu, parce que la loi ne la donne que pour raison de la gestion, et que les créances, dans ce cas, y sont absolument étrangères.

Il me semble qu'on pourroit aussi donner cette dernière réponse au pupille qui réclameroit une hypothèque légale pour l'indemnité à laquelle son tuteur officieux seroit condamné en cas de refus d'adoption.[1]

ARTICLE III.

Étendue de l'hypothèque légale des mineurs et interdits.

Cette hypothèque frappe sur toutes les propriétés foncières du tuteur, présentes et à venir. Cependant, si par l'acte de sa nomination le conseil de famille l'a restreinte à certains immeubles, tous ses autres biens sont affranchis de l'hypothèque et restent libres.[2]

Si l'hypothèque n'a pas été restreinte par l'acte de nomination du tuteur, celui-ci peut, dans le cas où elle excéderoit notoirement les sûretés suffisantes pour sa gestion, et après avoir pris l'avis du conseil de famille, former, contre le subrogé tuteur, une demande aux fins d'obtenir que l'hypothèque soit réduite à une portion de ses immeubles suffisante pour opérer une pleine garantie en faveur des mineurs ou interdits.[3]

---

1 Code civil, art. 369.
2 *Eodem*, art. 2141.
3 *Eodem*, art. 2143, 2161.

§. 3.

Hypothèque légale de l'État, du trésor de la couronne, des communes et établissemens publics.

Cette hypothèque [1] n'est établie que sur les biens des comptables, tels que payeurs, receveurs, trésoriers, qui manient ou ont eu en maniement les deniers publics [2]. Ainsi les inspecteurs, vérificateurs et autres employés, qui ne font que diriger la recette ou l'emploi de ces deniers, ou surveiller l'administration des comptables, ne sont pas grevés de cette affectation. [3]

L'État et le trésor de la couronne jouissent,

1.° D'une hypothèque légale sur tous les biens que les comptables possédoient à l'époque de leur nomination, et sur ceux qu'ils acquièrent à titre gratuit pendant le cours de leurs fonctions [4];

2.° D'un privilége sur les immeubles acquis à titre onéreux par les comptables postérieurement à leur nomination, et sur ceux acquis, au même titre et depuis cette nomination, par leurs femmes, même séparées de biens, à moins qu'elles ne justifient légalement que les deniers employés à l'acquisition leur appartiennent. Mais ce privilége dégénère en simple hypothèque, s'il n'a pas été inscrit dans les deux mois de l'enregistrement de l'acte d'acquisition. [5]

Les droits des communes et des établissemens publics ne sont garantis par aucun privilége, mais ils le sont par une hypothèque légale qui s'étend à tous les biens présens et à venir des comptables.

---

1 *L. 46, ff. §. 3, de jure fisci; L. 2, Cod. in quib. caus. pign.* POTHIER, Traité des hypothèques, tome VII, p. 314.

2 FERRIÈRE, Dictionnaire de Droit, *verbo* Comptable.

3 PERSIL, Régime hyp., p. 153. — 4 Code civil, art. 2121.

5 Loi du 5 Septembre 1807.

On entend ici par établissemens publics ceux qui sont fondés
par l'État ou les communes pour l'utilité publique. Ceux qui seroient érigés par des particuliers, encore qu'ils tournassent à
l'avantage de la société, n'auroient aucune hypothèque sur les
biens de leurs agens comptables.[1]

§. 4.

Hypothèque légale établie sur les navires.

Les navires et bâtimens de mer, quoique meubles par leur
nature, sont soumis à l'hypothèque légale pour toutes les dettes
du vendeur[2], soit qu'elles résultent de titres authentiques ou pri-
vés, soit même qu'elles existent sans titres, pourvu que les créanciers, en ce dernier cas, prouvent légalement que leurs préten-
tions sont fondées.

L'effet de cette hypothèque est d'empêcher que le propriétaire
du navire en voyage ne le vende en fraude de ses créanciers[3];
mais elle n'établit aucune préférence entre eux : tous, quels que
soient d'ailleurs la date et le caractère de leurs titres (à moins
qu'il n'y ait des créances privilégiées), ont un droit égal au prix
du navire, et il leur est distribué au marc le franc de leurs
créances.[4]

§. 5.

Hypothèque légale des créanciers et des légataires.

Le Code civil accorde aux créanciers et aux légataires, lorsqu'ils
ont perdu leur privilége faute de l'avoir fait inscrire dans les six
mois à compter de l'ouverture de la succession, une hypothèque
légale sur l'universalité des biens qui la composent[5]; mais cette

---

1 Persil, *Régime hypothécaire*, p. 154.
2 Code de commerce, art. 190. — 3 *Eodem*, art. 196.
4 *Eodem*, art. 214. — 5 Code civil, art. 2111, 2113.

hypothèque ne s'étend pas à ceux de l'héritier. Cependant, s'il accepte l'hérédité purement et simplement, son patrimoine, qui se confond alors avec celui du défunt, est aussi affecté au paiement des dettes ; mais son acceptation ne l'oblige d'acquitter les legs que jusqu'à concurrence de la valeur des immeubles de la succession dont il est détenteur. [1]

Ces dispositions sont entièrement conformes aux lois romaines [2], et ne diffèrent de l'ancienne jurisprudence françoise qu'en ce que les légataires avoient hypothèque sur les biens personnels de l'héritier, lorsque leur acceptation étoit faite par acte authentique. [3]

L'hypothèque légale existe en faveur des créanciers et des légataires, quelle que soit la forme des actes qui constituent les créances ou les legs ; mais les créanciers priment toujours les légataires, parce que ceux-ci n'ont de droits que sur les biens de l'hérédité : *Nulla autem hereditas nisi deducto ære alieno.*

§. 6.

Hypothèque légale des cohéritiers et copartageans.

Dans notre législation, qui est d'accord sur ce point avec les lois romaines [4], les cohéritiers sont garans, les uns envers les autres, des partages qu'ils font entre eux [5]. Cette garantie, fondée sur l'égalité qui doit régner entre les copartageans, est assurée par un privilége sur tous les biens compris dans les lots [6] ; de manière que chaque cohéritier, créancier en vertu du partage, soit à raison de soulte et retour de lots, soit à raison de l'indemnité qui lui est due pour la perte qu'il éprouve en cas d'éviction [7], est préféré à tous autres créanciers sur le prix des immeubles échus à ses copartageans.

---

1 Code civil, art. 1017.
2 L. 29, *ff. de pignor. et hypoth.* ; L. 1, *Cod. communia de legatis.*
3 Voy. PERSIL, Régime hypothécaire, p. 156.
4 L. 14, *C. fam. ercisc.* ; L. 66, *ff. de evictione.* — 5 Code civil, art. 884.
6 Cod. civ. art. 2103, §. 3. — 7 *Eodem*, art. 885.

Les cohéritiers jouissent, pour le prix de la licitation, du même privilége sur le bien licité dont leur cohéritier s'est rendu adjudicataire. [1]

Quoique le §. 3 de l'art. 2103 du Code civil n'accorde de privilége qu'aux cohéritiers, il me semble qu'on doit étendre cette faveur aux personnes qui se partagent les biens d'une communauté conjugale, les biens d'une société, en un mot, toutes choses indivises. Je trouve le fondement de mon opinion dans l'art. 2109, qui rend le privilége des cohéritiers commun à tous les copartageans, et dans les articles 1476 et 1872, qui appliquent aux partages de communauté et à ceux entre associés, les règles concernant le partage des successions, les effets de ce partage, la garantie et les obligations qui en résultent entre les cohéritiers.

Dans tous ces cas, le privilége ne devient efficace que lorsqu'il est soumis à la formalité de l'inscription dans les soixante jours, à dater de l'acte de partage ou de l'adjudication par licitation [2]; sinon il dégénère en simple hypothèque, qui ne prend rang que du jour qu'elle a été inscrite. [3]

La conservation de ce privilége est encore subordonnée à une autre condition. Le Code civil exige formellement que l'inscription soit faite à la diligence des copartageans [4]. Il en résulte qu'ils ne rempliroient pas le vœu de la loi, s'ils se bornoient à faire transcrire l'acte de partage ou de licitation, parce que l'inscription que le conservateur seroit obligé de prendre d'office, ne seroit pas faite à leur diligence.

SECTION III.

Quel est le rang des hypothèques légales ?

Dans l'ancienne législation, le rang des hypothèques légales, indépendamment des priviléges accordés à certaines créances, étoit

---

1 Code civil, art. 2109. — 2 *Ibidem.*
3 *Eodem,* art. 2113. — 4 *Eodem,* art. 2109.

réglé par l'ordre des temps. L'hypothèque dont la cause étoit antérieure, étoit préférée à celles qui émanoient de titres postérieurs, suivant la maxime, *qui potior est tempore, potior est jure.*[1]

Sous l'empire de la loi du 11 Brumaire an VII, toutes les hypothèques légales n'avoient de rang que du jour qu'elles avoient été inscrites sur les registres du conservateur; celles qui étoient inscrites le même jour, avoient la même date, et s'exerçoient par concurrence.

Le Code civil a consacré ces principes[2]; mais il les a modifiés par deux exceptions, en rendant l'hypothèque des femmes, et celle des mineurs et interdits, indépendantes de la formalité de l'inscription.[3]

§. 1.er

Rang de l'hypothèque légale de la femme.

A Rome[4], la femme avoit un privilége sans bornes, qui la faisoit préférer à tous les créanciers de son mari, même antérieurs au mariage. Cette faveur excessive devoit nécessairement porter atteinte à la sûreté des fortunes particulières; car elle enlevoit aux créanciers et leurs droits et leur rang, et l'hypothèque la mieux assise pouvoit devenir illusoire.

De tous les pays de Droit écrit il n'y avoit que le parlement de Toulouse qui avoit conservé à la femme ce privilége. Dans tous les autres, la femme n'avoit hypothèque, pour sa dot, ses conventions matrimoniales et reprises quelconques, que du jour du mariage.[5]

Les pays coutumiers n'avoient pas, à cet égard, une jurispru-

---

1 L. 4, *Cod. qui potiores in pign.*; MALEVILLE, Analyse raisonnée de la discussion du Code civil, t. IV, p. 177.

2 Code civil, art. 2134. — 3 *Eodem*, art. 2135.

4 L. 12, *Cod. qui potiores in pign.*

5 FERRIÈRE, Dictionnaire de Droit, *verbo* Dot.

dence uniforme. Dans les uns, l'hypothèque légale de la femme remontoit, pour toutes ses créances, au jour du contrat de mariage; ou au jour de la célébration, lorsqu'il n'y avoit point de contrat.[1] Dans d'autres, on appliquoit à la femme le principe, que l'hypothèque ne peut exister avant l'obligation principale, dont elle n'est que l'accessoire; et les biens du mari n'étoient affectés qu'à mesure qu'il devenoit obligé.

Cette dernière jurisprudence, plus conforme aux principes de l'équité, a été confirmée par l'article 2135 du Code civil, qui fait exister l'hypothèque légale de la femme :

1.° Pour raison de sa dot et de ses conventions matrimoniales, à compter du jour du mariage ;

2.° Pour les sommes dotales qui proviennent des successions à elle échues, ou de donations à elle faites pendant le mariage, à compter de l'ouverture des successions, ou du jour que les donations ont eu leur effet ;

3.° Pour l'indemnité des dettes qu'elle a contractées avec son mari; et pour le remploi de ses propres aliénés, à compter du jour de l'obligation ou de la vente.

Quant aux créances paraphernales de la femme, il me semble qu'elle n'a hypothèque, pour leur restitution, que du jour où elle les a confiées à son époux, ou du jour du mariage; s'il en étoit déjà débiteur à cette époque.

Ici se présente une question d'une grande importance, celle de savoir si l'hypothèque légale de la femme continue d'exister, indépendamment de l'inscription, après la dissolution du mariage.

La solution de cette question se trouve dans l'article 2111 du Code civil. Lorsque le mariage est dissous, la femme peut exercer tous ses droits et reprises, et dès-lors elle doit, comme les autres créanciers de son mari, soumettre son privilége à l'inscrip-

---

[1] POTHIER, Traité des hypothèques, p. 557.

tion dans les six mois à compter de l'ouverture de la succession, à peine de perdre son rang et de n'être préférée qu'aux créanciers qui auroient été moins diligens qu'elle à remplir cette formalité.

§. 2.

Rang de l'hypothèque légale des mineurs et interdits.

L'hypothèque légale existe,

1.° Contre les tuteurs et protuteurs, du jour de l'acceptation de la tutelle [1];

2.° Contre le cotuteur, du jour de son mariage [2];

3.° Contre le subrogé tuteur, du jour où il a commencé à administrer.

On me demandera aussi quel est le rang de l'hypothèque légale des mineurs et interdits, lorsqu'il existoit, avant la tutelle, une autre hypothèque sur les biens présens et à venir du tuteur.

Il n'y a point de doute que l'hypothèque antérieure ne prime celle des mineurs et interdits sur les biens que le tuteur possédoit lorsqu'il a accepté sa charge; mais, à l'égard des biens qu'il acquiert par la suite, j'établis une distinction :

Si l'hypothèque antérieure est indépendante de l'inscription, comme celle des femmes, il me semble qu'elle doit avoir le même rang que celle des mineurs et interdits, parce que toutes deux, en même temps, ont frappé sur les biens du tuteur à l'instant même de l'acquisition.

Si, au contraire, elle ne reçoit son efficacité que par l'inscription ; je crois encore nécessaire de distinguer :

Ou l'hypothèque a été inscrite *avant le jour de l'acquisition ;* dans ce cas, elle doit être assimilée à celle de la femme, et obtenir le même rang;

----

1 Code civil, art. 2135. — *Eodem,* art. 396.

Ou *le jour même de l'acquisition*, et alors, cette hypothèque et celle des mineurs et interdits ayant une même date, elles ne peuvent s'exercer que par concurrence;

Ou *après le jour de l'acquisition :* ici il est évident que cette hypothèque ne peut nullement concourir avec celle des pupilles, et encore moins lui être préférée, *quia qui potior est tempore, potior est jure.*

CHAPITRE II.

Des inscriptions hypothécaires.

Anciennement les hypothèques légales étoient efficaces du moment que la cause qui les produisoit avoit pris naissance, et elles se conservoient par elles-mêmes, sans qu'il fût nécessaire de les soumettre à des formalités. Mais, depuis que la publicité a été consacrée comme base essentielle du régime hypothécaire, elles n'obtiennent d'existence légale et ne se conservent (sous quelques exceptions) que par l'inscription qui en est faite au bureau du conservateur dans l'arrondissement duquel sont situés les biens grevés de l'hypothèque[1]. Cette inscription procure les plus grands avantages. « La publicité qu'elle établit, dit l'orateur du tribunat, « donne un avertissement salutaire, et à ceux qui sont dans le cas « de prêter, et à ceux qui se présentent pour acquérir. Ils peuvent « juger de la solidité des engagemens qu'un emprunteur ou un « vendeur doit contracter avec eux, par la comparaison de sa for- « tune avec le montant des hypothèques, dont les inscriptions « offrent le résultat.[2] »

---

[1] Code civil, art. 2134 et 2146.

[2] Discours de M. GRENIER, Code civil, suivi de l'Exposé des motifs; tome VII, page 93.

Section I.ʳᵉ

Formalités de l'inscription.

L'inscription n'est valable, et ne donne à l'hypothèque son complément et son efficacité, qu'autant qu'elle est faite dans les formes prescrites par la loi. Cependant il n'y a que les formalités substantielles qui soient de rigueur et dont l'omission entraîne la nullité de l'inscription[1], c'est-à-dire, celles qui ont pour objet de donner au public une connoissance exacte de tout ce qu'il peut lui importer de savoir relativement à la créance inscrite.[2]

Il y a des formes qui sont communes à l'inscription de toutes les hypothèques légales; les autres sont particulières à l'inscription de chaque espèce.

§. 1.ᵉʳ

Formalités communes à l'inscription de toutes les hypothèques légales.

Quelle que soit l'hypothèque qu'il s'agisse de conserver, le créancier qui en requiert l'inscription doit, aux termes des articles 2148 et 2153 du Code civil, représenter, soit par lui-même, soit par un tiers, au conservateur des hypothèques, deux bordereaux écrits sur papier timbré, qui contiennent,

1.° Les nom, prénoms, domicile réel du créancier, sa profession, s'il en a une, et l'élection d'un domicile pour lui dans un lieu quelconque de l'arrondissement du bureau.

Le défaut d'énonciation du domicile réel du créancier, ou une

---

1 Arrêts de la cour de cassation des 22 Avril et 7 Septembre 1807, rapportés par Denevers, année 1807, p. 234 et 520.

2 Favard de l'Anglade, Traité des hypoth., p. 108.

erreur dans ses prénoms, ne vicie pas l'inscription, quand d'ailleurs il est désigné d'une manière non équivoque. [1]

Il lui est loisible de faire changer sur le registre des hypothèques son domicile d'élection, à la charge d'en choisir et indiquer un autre dans le même arrondissement : ses représentans ou cessionnaires par acte authentique jouissent de la même faculté. [2]

2.° Les nom, prénoms, domicile du débiteur, sa profession, s'il en a une connue, ou une désignation individuelle et spéciale, telle que le conservateur puisse reconnoître et distinguer, dans tous les cas, l'individu grevé d'hypothèque.

§. 2.

Formalités particulières à l'inscription de chaque espèce d'hypothèque légale.

I. Quoique l'hypothèque légale des femmes et celle des mineurs et interdits soient efficaces indépendamment de l'inscription, néanmoins la loi, pour que les tiers ne soient pas victimes de ces hypothèques pour ne les avoir pas connues, impose aux maris et aux tuteurs l'obligation de requérir eux-mêmes cette inscription, à peine d'être réputés stellionataires, et, comme tels, contraignables par corps, dans le cas où ils consentiroient ou laisseroient prendre des priviléges ou des hypothèques sur leurs propriétés sans déclarer l'hypothèque légale dont elles sont affectées. [3]

La loi oblige en outre le subrogé tuteur, sous sa responsabilité personnelle, de veiller à ce que l'inscription soit prise sans délai sur les biens du tuteur, et même de la faire faire. [4]

Le législateur n'a pas trouvé ces précautions suffisantes ; il a voulu que, si les maris, les tuteurs et les subrogés tuteurs négli-

---

1 Persil, Questions sur les hypothèques, t. I.ᵉʳ, p. 334 et 340 ; Arrêt de la cour de cassation du 15 Février 1810, rapporté par Sirey, t. X, p. 179.
2 Code civil, art. 2152. — 3 *Eod.*, art. 2136. — 4 *Eod.*, art. 2137.

geoient de remplir cette obligation, l'inscription fût requise par le procureur du roi près le tribunal civil du domicile des maris et tuteurs, ou du lieu de la situation des biens. [1]

Il a aussi autorisé à réquérir l'inscription, non-seulement la femme et le mineur, mais encore les parens de la femme, ceux du mineur, et même les amis de celui-ci, à défaut de parens. [2]

II. Les bordereaux pour l'inscription de l'hypothèque légale des femmes, et des mineurs et interdits, doivent, outre la désignation du créancier et du débiteur, énoncer la nature des droits à conserver, et le montant de leur valeur quant aux objets déterminés, sans qu'on soit tenu de le fixer quant à ceux qui sont conditionnels, éventuels ou indéterminés. [3]

La même énonciation est prescrité relativement à l'inscription de l'hypothèque purement légale de l'État, du trésor de la couronne, des communes et des établissemens publics.

III. Les créanciers, légataires et cohéritiers ou copartageans, qui requièrent l'inscription de leur hypothèque légale sur les immeubles de l'hérédité, sont tenus de représenter au conservateur des hypothèques le titre constitutif de leurs droits [4]; sans quoi le conservateur peut refuser d'opérer l'inscription.

Ils doivent de plus y joindre deux bordereaux qui contiennent, outre les énonciations prescrites relativement au créancier et au débiteur,

1.° La date et la nature du titre;

2.° Le montant du capital des créances exprimées dans le titre ou évaluées par l'inscrivant, ainsi que le montant des accessoires de ces capitaux, et l'époque de l'exigibilité.

IV. Lorsque le débiteur est en faillite, les agens et ensuite les syndics sont tenus de prendre inscription, au nom de la masse des

---

1 Code civil, art. 2138. — 2 Eod., art. 2139.
3 Eod., art. 2153. — 4 Eodem, art. 2148.

créanciers, sur les immeubles du failli dont ils connoissent l'existence. Cette inscription est reçue sur la production d'un simple bordereau énonçant qu'il y a faillite, et relatant la date du jugement par lequel ils ont été nommés. [1]

V. Le créancier est aussi tenu d'indiquer dans les bordereaux l'espèce et la situation des immeubles sur lesquels il entend conserver son hypothèque légale,

1.° Dans le cas de faillite dont je viens de parler;

2.° Lorsque l'inscription est requise par des cohéritiers sur les biens adjugés par licitation à leur cohéritier;

3.° Lorsque l'hypothèque légale a été restreinte à un ou à quelques immeubles spécialement désignés.

Hors ces cas, cette indication n'est pas nécessaire. Une seule inscription frappe tous les immeubles compris dans l'arrondissement du bureau. [2]

VI. Les créanciers ne sont pas tenus de rendre publique, par la voie de l'inscription, l'hypothèque légale qu'ils acquièrent sur un navire; elle se conserve par elle-même : mais, lorsqu'il a été vendu en voyage et qu'il rentre dans le port, ils ne doivent pas le laisser repartir sans y former opposition ; car leur hypothèque seroit éteinte, si, depuis la vente, le vaisseau avoit fait un voyage en mer sous le nom et aux risques de l'acquéreur, et sans réclamation de leur part. [3]

SECTION II.

Quelle est la durée de l'inscription?

Le Code civil [4] établit en règle générale, que les inscriptions conservent l'hypothèque pendant dix années, à compter du jour

---

1 Code de commerce, art. 500. — 2 Code civil, art. 2148.
3 Code de comm., art. 193. — 4 Code civil, art. 2154.

de leur date, et que son effet cesse, si ces inscriptions n'ont été renouvelées avant l'expiration de ce délai.

Cette règle souffre exception à l'égard de l'hypothèque légale des femmes, et de celle des mineurs et interdits. La loi n'en exige l'inscription que pour avertir les tiers qu'elles existent, et qu'ils aient à prendre leurs précautions lorsqu'ils traiteront avec les maris et les tuteurs. Mais l'inscription n'est pas nécessaire pour rendre ces hypothèques efficaces ; elles le sont par elles-mêmes. Par conséquent le renouvellement n'est pas nécessaire pour leur conservation, puisqu'il ne fait que proroger l'effet de l'hypothèque, qui reçoit par l'inscription le complément de son existence. Cependant les personnes auxquelles la loi ordonne, sous des peines particulières, de prendre l'inscription primitive, sont tenues, sous les mêmes peines, de la faire renouveler. [1]

Section III.

De la radiation et réduction des inscriptions.

1.° La radiation ou réduction des inscriptions ne peut être faite que du consentement des parties intéressées et ayant capacité à cet effet, ou en vertu d'un jugement en dernier ressort ou passé en force de chose jugée. [2]

2.° Ce consentement doit être exprimé dans un acte authentique. Le conservateur des hypothèques ne pourroit pas opérer la radiation ou la réduction sur la simple production d'un consentement par acte privé. Il faut même, pour couvrir sa responsabilité, qu'il lui soit remis et qu'il reste déposé au bureau une expédition de la main-levée ou du jugement. [3]

---

1 Avis du Conseil d'Etat, du 22 Janvier 1808.
2 Code civil, art. 2157.
3 *Eod.*, art. 2158.

3.° La demande en radiation ou en réduction doit être portée devant le tribunal dans le ressort duquel l'inscription a été faite. Mais, si l'inscription a eu lieu pour sûreté d'une créance éventuelle ou indéterminée, au sujet de laquelle les parties sont en instance devant un autre tribunal, la demande doit y être portée ou renvoyée. Cependant, si le créancier et le débiteur avoient désigné, dans leur convention, le tribunal qui devroit prononcer sur leur contestation, ce tribunal seroit le seul compétent. [1]

4.° Le débiteur peut requérir le créancier de consentir la radiation d'une inscription prise illégalement, ou en vertu d'un titre éteint ou soldé. En cas de refus, le débiteur peut se pourvoir près de l'autorité judiciaire, qui doit ordonner la radiation. [2]

5.° Les mineurs et interdits, n'ayant pas la capacité de contracter, ne peuvent pas consentir la radiation des inscriptions hypothécaires qui existent à leur profit [3]. La radiation qu'une femme mariée a consentie, n'est valable que lorsqu'elle est faite en faveur d'un tiers envers lequel elle s'est obligée, soit seule avec l'autorisation de son mari, soit conjointement et solidairement avec celui-ci. [4]

6.° Les maris et les tuteurs peuvent demander la réduction des inscriptions qui ont été faites contre eux, lorsqu'elles frappent sur plus de domaines différens qu'il n'est nécessaire pour assurer une pleine garantie aux femmes et aux mineurs [5]; mais la réduction n'empêche pas qu'il ne puisse être pris de nouvelles inscriptions, quand, par l'événement, les créances indéterminées sont portées à une somme plus forte que celle pour laquelle l'inscription primitive a été conservée. [6]

---

1 Cod. civil, art. 2159 et 2161.

2 *Eodem*, art. 2160. — 3 *Eodem*, art. 1124 et 2157.

4 Arrêt de la cour de cassation, du 12 Février 1811, rapporté par FAVARD DE L'ANGLADE, Traité des priviléges et hypothèques, p. 164.

5 Code civil, art. 2161. — 6 *Eodem*, art. 2164.

CHAPITRE III.

De l'extinction de l'hypothèque légale.

L'hypothèque légale s'éteint,

1.° Par la perte totale de la chose hypothéquée ; mais l'hypothèque subsiste, si la chose n'a pas péri entièrement. Ainsi, par exemple, l'hypothèque continue d'affecter le sol, quoique la maison qui y existoit, ait été consumée par le feu ; et si la maison est ensuite reconstruite, l'hypothèque revit sur la maison même. [1]

2.° Par la confusion ou consolidation, qui s'opère lorsque le créancier acquiert la propriété de la chose hypothéquée, suivant la règle, *res sua nemini pignori esse potest.*

3.° Par la résolution du droit du propriétaire grevé de l'hypothèque. Ainsi, en supposant que l'hypothèque reposât sur un héritage dont le débiteur seroit propriétaire en vertu d'une donation, l'hypothèque s'éteindroit si la donation venoit à être révoquée, *quia nemo plus juris ad alium transferre potest quam ipse haberet.* [2]

4.° Lorsque la chose hypothéquée est mise hors du commerce, parce qu'alors elle n'est plus susceptible d'hypothèque. [3]

5.° Par l'extinction de l'obligation principale. L'hypothèque n'étant que l'accessoire de l'obligation, elle ne peut pas subsister lorsque l'obligation est éteinte : *Accessorium semper sequitur principale suum.*

6.° Par la renonciation du créancier à l'hypothèque [4]. Elle est expresse, ou tacite : expresse, lorsqu'elle est le résultat de la volonté formelle du créancier ; tacite, lorsqu'elle est induite de cir-

---

1 L. 29, §. 1 , *ff. de pign. et hypoth.* ; POTHIER, Traité des hypothèques, t. VII, p. 366.

2 L. 54, *ff. de reg. jur.* ; POTHIER, *eod.* p. 370.

3 Code civil, art. 2118.

4 L. 2 , *Cod. de remiss. pign.*

constances. Il y a, par exemple, renonciation tacite, si le créancier consent à l'aliénation de la chose qui lui est hypothéquée : *Creditor qui permittit rem venire, pignus dimittit.* [1]

7.° Par l'accomplissement des formalités et conditions prescrites aux tiers détenteurs pour purger les biens par eux acquis.

8.° Par la prescription. [2]

Le Code civil distingue à cet égard le cas où le débiteur demeure en possession des biens hypothéqués, de celui où ils ont passé dans les mains d'un tiers détenteur.

Dans le premier cas, l'hypothèque se prescrit avec l'action personnelle. Cette disposition est contraire au Droit romain, d'après lequel l'action hypothécaire ne se prescrivoit que par quarante ans, lorsqu'elle étoit jointe à l'action personnelle. [3]

Dans le second cas, la prescription, conformément aux lois romaines, est acquise au tiers détenteur par le temps requis pour prescrire la propriété à son profit. Ainsi, lorsque sa possession est fondée sur un juste titre, la prescription s'accomplit par dix ans entre présens, et par vingt ans entre absens [4]; mais elle ne commence à courir que du jour où le titre a été transcrit sur les registres du conservateur [5]. S'il n'existe pas de juste titre, le tiers acquéreur ne peut prescrire que par trente ans de possession. [6]

---

1 *L.* 158, *ff. de reg. juris; L.* 4 et 7, *ff. quib. mod. pig. vel hypoth.*

2 *L.* 1, *C. si adv. cred. præscr.*

3 *L. cum notissimi, Cod. de præscr.* 30 vel 40.

4 *L. unica, Cod. de usucap. transf. ; L.* 8, *Cod. de præscr.* 30 vel 40 ; art. 114 de la coutume de Paris ; Code civil, art. 2265.

5 Code civil, art. 2180, §. 4.

6 *L.* 3, *Cod. de præscr.* 30 vel 40 ; Code civil, art. 2262.

FIN.